# ANNA TARTAGLIA

## STRATEGIE DI
## VISUAL MARKETING

# Usare Le Immagini Come Potente
# Strumento Di Coinvolgimento
# Per Attrarre Il Pubblico

Titolo

"STRATEGIE DI VISUAL MARKETING"

Autore

Anna Tartaglia

Editore

Bruno Editore

Sito internet

http://www.brunoeditore.it

# Sommario

# Introduzione

In questo corso vi parlerò di Visual Marketing. Il Visual Marketing è quell'insieme di strategie che utilizzano tutto ciò che è visuale come strumento di comunicazione per attrarre gli utenti e lanciargli un messaggio.

Quando parlo di visuale non intendo soltanto parlare di immagini, ma parlo di tutto ciò che l'occhio percepisce: una fotografia, un video, una pubblicità, un packaging, una vetrina...

Questo tipo di strategia si basa su alcuni segreti che andremo ad analizzare in queste cinque giornate. Vi insegnerò a valutare al meglio quale sia la migliore strada da seguire per voi e per la vostra azienda.

Vedremo insieme alcuni esempi di grandi brand che nella storia hanno lasciato il segno proprio attraverso il visual e vi accorgerete di quanto questo tipo di strategia sia applicabile a tutti i settori e a tutte le attività.

Noterete come, per quanto ogni giorno ci troviamo di fronte a migliaia di visual, in realtà non ci rendiamo conto di quanto questi condizionino la nostra vita e le nostre scelte.

Vedremo insieme come potrete utilizzare il visual per trasmettere ciò che siete e ciò che è la vostra azienda. Tutto questo andrà ad influenzare la vostra reputazione, sia on-line che off-line.

Conosceremo infine quali sono i canali giusti per veicolare il visual in base alla sua natura e al messaggio che volete trasmettere.

Per quanto riguarda la mia esperienza nel mondo della comunicazione, posso garantirvi che OGGI il visual è una colonna portante per l'immagine, sia essa aziendale o personale. Scoprirne i segreti è indispensabile per poterla sfruttare al meglio.

Vi siete mai chiesti perché un libro viene acquistato e un altro che tratta lo stesso argomento viene lasciato in libreria? Che sia merito della copertina? Questo corso vi aiuterà a scoprirlo.

# CAPITOLO 1:
# Come pianificare una strategia
# di Visual Marketing

Il primo segreto alla base di una corretta strategia di Visual Marketing è il porsi degli obiettivi.

Sperare che l'utilizzo di un visual possa da solo risolvere tutti i problemi dell'azienda è un'utopia. Per questo prima di proseguire è necessario soffermarsi su come debbano essere stabiliti gli obiettivi.

Gli obiettivi devono essere definiti, cioè non generalizzati. Sostenere un obiettivo del tipo "voglio guadagnare di più" non porterà a niente. Piuttosto è bene chiedersi quanto esattamente si vuole guadagnare di più, in quanto tempo e utilizzando quali strumenti.

E' importante avere in mente una scadenza, un tempo massimo

entro il quale il nostro obiettivo deve essere raggiunto e soprattutto essere certi che, attraverso gli strumenti utilizzati, questo obiettivo possa essere realmente raggiunto.

Se allo scadere del tempo che abbiamo deciso di impiegare non siamo riusciti nel nostro intento, possiamo analizzare il lavoro svolto e domandarci in cosa abbiamo sbagliato. Forse la scadenza era troppo vicina? Forse gli strumenti scelti non erano quelli giusti? O forse l'obiettivo non era realizzabile come credevamo?

In particolare, nel Visual Marketing, è corretto domandarci quale sia l'obiettivo soprattutto perché attraverso il visual che andiamo a creare verrà trasmesso, che lo si voglia o meno, un messaggio. Non esiste un visual che sia *neutro*. Qualsiasi immagine o video implica un significato. La differenza sta nel fatto che questo significato sia pilotato da scelte strategiche aziendali (e quindi dagli obiettivi stabiliti), oppure sia del tutto casuale. Sintetizzando dobbiamo essere noi a decidere cosa voler comunicare attraverso un nostro visual o lui lo farà comunque al posto nostro, e quasi sicuramente lo farà nel modo sbagliato.

SEGRETO N. 1: Porsi degli obiettivi che siano concreti, misurabili e specifici. Ricordare che tali obiettivi saranno quelli che andranno a pilotare il messaggio del visual.

Una volta stabilito quale sia l'obiettivo da raggiungere, quello che ci serve è capire a quale target dobbiamo rivolgerci.

Individuare il giusto target serve a centrare il bersaglio, andando a comunicare direttamente a persone che sappiamo essere potenzialmente interessate a noi. Ma non solo. Soprattutto è utile per non disperdere tempo, energie e soldi in attività che non portano i risultati sperati.

Quando ho creato il mio blog annatartaglia.com mi sono domandata infinite volte quale fosse il pubblico a cui mi riferivo, per essere sicura di comunicare nel modo giusto. Dopo un'attenta analisi (anche di ciò che offriva il web sul mio argomento di interesse) mi sono resa conto che il blog parlava di visual marketing anche attraverso argomenti molto attuali, semplici nella comprensione e giovanili (social network, fotografia, interviste...). Non per questo però potevo concedermi di riservarlo ad un target di "non addetti al lavoro". Ho capito quindi che sarebbe stato necessario raggiungere esclusivamente persone che fossero già inserite nel mondo del web marketing, della comunicazione e della grafica pubblicitaria.

Non contenta ho quindi creato anche una rubrica settimanale di comunicazione visiva a carattere molto scolastico, che ho indirizzato a professionisti che volevano approfondire questa materia. Facendo così ho creato all'interno di un blog di settore, una rubrica ancora più di nicchia che andava a selezionare maggiormente il mio pubblico.

Quale è stato il risultato? In poco tempo ho preso contatto con i maggiori esperti del mio campo, è stata accettata la pubblicazione di questo corso e ho iniziato a collaborare con professionisti del settore per la pianificazione di eventi sull'argomento.

Questo perché avendo scelto prima il target a cui rivolgermi, sono riuscita a pubblicare articoli che andassero ad attirare l'attenzione solo di un pubblico già selezionato e che però era quello che a me interessava. Questo pubblico mi ha seguito e mi segue tuttora.

Nel visual marketing è molto importante la scelta del target perché, insieme al messaggio da comunicare, va a condizionare in tutto lo stile del visual che andremo a proporre. Per farvi un esempio banale: se il nostro target sono bambini di 5 anni non avremo mai un visual identico (nel messaggio ma anche nelle caratteristiche estetiche) ad uno rivolto a imprenditori di 45 anni.

SEGRETO N. 2: Stabilire il target di riferimento analizzando bene il nostro prodotto e creare un visual che sia in linea con questo target e ne catturi l'attenzione.

Se è importante definire un obiettivo e concentrarsi su quale sia il giusto target a cui rivolgerci, lo è mille volte di più il mettersi in ascolto del nostro potenziale pubblico. Capirne qualsiasi esigenza e caratteristica ci consentirà di creare un visual che risponda esattamente alle sue esigenze.

Ma come si fa? Oggi abbiamo la fortuna di poter contare sull'aiuto dei social media, che sono il primo importante strumento di comunicazione e di condivisione in utilizzo nella nostra società. Fare un'azione di social media strategy per poter analizzare il target è una delle scelte più azzeccate che un'azienda possa fare. Attraverso i social network infatti gli utenti continuamente ci danno modo di capire quali sono i loro bisogni, i loro dubbi, le loro emozioni e soprattutto le loro gioie. Lo fanno quotidianamente attraverso i commenti, i *mi piace,* le recensioni, la condivisione di post di vario tipo (fotografie, video, musica...).

Se invece la vostra azienda è una di quelle a-social e per il momento sceglie di non investire in social media strategy, l'analisi deve andarsi a concentrare sul mercato e su ciò che sembra essere al momento più o meno richiesto dal pubblico.

Questa analisi deve essere sviluppata anche prendendo in considerazione tutta una serie di fattori che possono andare a condizionare le esigenze del target.

Alcuni di questi fattori possono essere per esempio: la zona geografica, la fascia di età di riferimento, il livello e il tipo di istruzione ricevuto, il momento storico in cui siamo.

Un'ultima considerazione da evidenziare è l'importanza di creare necessità nell'utente in base a ciò che il target stesso ci ha dato modo di scoprire. Per fare un esempio, quando S. Jobs ha creato l'Ipad, nessuno avrebbe mai manifestato la necessità di un simile oggetto che fino ad allora non era stato nemmeno immaginato. Jobs, consapevole dell'importanza dei computer, ma anche di quella dei cellulari, ha creato nel pubblico l'esigenza di uno strumento "intermedio", sia nell'utilizzo sia nelle dimensioni, facendo sì che il suo nuovo prodotto trovasse un target ad accoglierlo a braccia aperte. Oggi la maggior parte di noi ha un tablet.

SEGRETO N. 3: ascoltare il target, porre attenzione alle sue caratteristiche, alle richieste e ai fattori condizionanti per poter anticipare le sue necessità.

Come abbiamo già detto, parlare di visual marketing non significa parlare di fotografie. Il concetto di visual si allarga a tutto ciò che è trasmesso attraverso la visualità e quindi a qualsiasi strumento che per essere percepito abbia bisogno della vista.

Conosco blogger famosissimi che pubblicano ogni giorno

fotografie delle loro ricette in cucina riscuotendo un enorme successo. Il mondo delle fashion-blogger in particolare lavora solo ed esclusivamente su questo. Io stessa per lanciare il mio blog ho creato un concorso all'interno del quale le persone dovevano pubblicare su Facebook il video dello spot pubblicitario che ricordavano averli maggiormente colpiti. Il Visual Marketing abbraccia tanti settori, ne parliamo molto anche nel mondo della moda e in quello dell'architettura oltre che in quello della comunicazione.

E che dire di Coca Cola, che per accattivarsi un'altra fetta di pubblico ha inventato il "tappo dell'amicizia"? Forte della potenza dei social network e del concetto *social* che oggi ritroviamo praticamente ovunque, Coca Cola ha lanciato una nuova bottiglia con un tappo che mira appunto a socializzare, perché per essere aperto deve incastrarsi obbligatoriamente con quello di un amico. Attraverso un packaging quindi, ha saputo valorizzare anche un concetto, quello dell'amicizia e del contatto fisico, che oggi viene spesso messo in discussione e che per questo risulta essere ancora più importante. In questo è riuscita a toccare l'emotività degli utenti. Il tutto grazie ad un tappo.

15

Gli strumenti visual da scegliere sono veramente tanti e saper individuare quale sia quello corretto da scegliere è necessario avere chiari in mente gli elementi di cui abbiamo appena parlato: obiettivi aziendali e target.

Sono strumenti di visual marketing le campagne pubblicitarie, piuttosto che uno spot televisivo. Lo sono le vetrine di un negozio così come il packaging di un prodotto. E ancora lo è la copertina di un libro o uno stand fieristico.

Ovviamente la scelta di quale strada percorrere è dettata dagli obiettivi: ciascun strumento utilizzato può assumere un carattere più emotivo piuttosto che più informativo ecc. Ciò che cambia è il messaggio che vogliamo trasmettere e il motivo per cui vogliamo farlo.

SEGRETO N. 4: scegliere quali strumenti utilizzare tra i tanti modi di fare visual e veicolarlo in base al messaggio che vogliamo comunicare.

Abbiamo definito gli obiettivi. Abbiamo identificato il target e le sue esigenze. Abbiamo scelto quale sia lo strumento da utilizzare. Cosa ci manca? Sapere COME fare Visual Marketing correttamente.

Ma cosa significa in questo caso la parola "correttamente"? Significa utilizzare il visual ai fini di un posizionamento del brand, e cioè andare a trasmettere i valori aziendali attraverso lo strumento scelto.

Prendiamo come esempio Barilla e pensiamo ad uno qualsiasi dei tanti spot che ha lanciato in tv. Il valore predominante è quello della tradizionalità e della famiglia, nei suoi spot infatti vediamo quasi sempre situazioni familiari e il prodotto venduto rientra nella quotidianità di queste situazioni. Barilla quindi viene associata a questo. Il suo brand si posiziona come quello di una pasta di qualità perché inserita in un contesto genuino e di valore reale come quello della famiglia tradizionale. Al tempo stesso la pasta Barilla viene identificata come la più buona e salutare, perché proposta spesso in situazione in cui sono presenti anche i bambini.

Pensate che non molto tempo fa, Guido Barilla ha dichiarato pubblicamente durante un'intervista, che non avrebbe mai permesso di inserire una coppia di omosessuali all'interno degli spot dell'azienda. Il suo intento era ovviamente quello di preservare la brand identity legata al concetto tradizionale di famiglia. In realtà questo ha dato vita ad una vera e propria crisi di comunicazione, tanto che sui social network sono state create intere community con a capo l'hashtag #boicottabarilla.

Secondo voi, Guido Barilla è riuscito nel suo intento? Assolutamente no. E il motivo sta nel fatto che non è stato sufficiente sbandierare i valori aziendali per fare sì che gli utenti li apprezzassero. Piuttosto sarebbe stato necessario studiare bene come valorizzarli, fare leva (in questo caso) sulle emozioni delle persone, e attirarli mostrando loro aspetti del quotidiano che vanno a toccare le corde più intime. Tutto il di più non conta, non è utile ai fini di un posizionamento del marchio e per questo diventa soltanto nocivo per l'azienda.

SEGRETO N. 5: posizionare il marchio attraverso il visual, valorizzando la brand identity e i valori aziendali, e mettendo sempre al centro quelli senza "sporcarli" con contenuti superflui.

## RIEPILOGO DEL CAPITOLO 1:

SEGRETO n. 1: Porsi degli obiettivi che siano concreti, misurabili e specifici. Ricordare che tali obiettivi saranno quelli che andranno a pilotare il messaggio del visual.

SEGRETO n. 2: Stabilire il target di riferimento analizzando bene il nostro prodotto e creare un visual che sia in linea con questo target e ne catturi l'attenzione.

SEGRETO n. 3: ascoltare il target, porre attenzione alle sue caratteristiche, alle richieste e ai fattori condizionanti per poter anticipare le sue necessità

SEGRETO n. 4: scegliere quali strumenti utilizzare tra i tanti modi di fare visual e veicolarlo in base al messaggio che vogliamo comunicare

SEGRETO n. 5: posizionare il marchio attraverso il visual, valorizzando la brand identity e i valori aziendali, e mettendo sempre al centro quelli senza "sporcarli" con contenuti superflui.

# CAPITOLO 2:

# Come fare brand identity
# con il Visual Marketing

Il primo segreto di cui parlare quando nominiamo la brand identity non può che riguardare lo studio del marchio. Questo, insieme al naming (il nome dell'azienda), è il primo step da affrontare in un'ottica di posizionamento del brand. Infatti se il naming (solitamente insieme al payoff) va a definire quale sia la nicchia di mercato cui si fa riferimento, il marchio è quell'elemento visuale che da subito va a colpire ed attrarre l'utente. Esso presenta immediatamente il linguaggio e il "carattere" dell'azienda e ne definisce lo stile nella mente del pubblico.

Provate a pensare ad un marchio che conoscete. A me viene in mente subito quello di Walt Disney Pictures. Questo logo è accompagnato da un castello. Se l'osserviamo per un attimo insieme ci rendiamo conto di quanto questo marchio lasci subito capire a cosa si fa riferimento. E non è soltanto il riferimento al castello a lasciarlo capire, ma anzi, lo stesso font (il carattere tipografico) scelto per il logotipo Walt Disney è molto arricciolato e morbido e trasmette subito la sensazione di qualcosa di fiabesco, rimandando al mondo dei bambini.

Diversamente se pensiamo ad un altro marchio, come quello della Nike per esempio, l'elemento visivo è molto dinamico e slanciato e non possiamo fare a meno di collegarlo allo sport e al mondo giovanile.

Altro esempio molto esplicativo: il marchio del WWF. Non c'è bisogno che mi soffermi a dirlo, ma questo marchio, con il suo visual a forma di Panda, rimanda subito al suo mondo di appartenenza e, nella sua semplicità e tenerezza, aiuta l'utente a ricordarlo più facilmente.

SEGRETO N. 6: Creare un marchio che sia semplice, facile da memorizzare e che parli delle caratteristiche dell'azienda. Insieme al naming costituirà gran parte della brand identity.

Una volta creato il marchio è necessario decidere quale sia il "carattere" che vogliamo dare alla nostra azienda.

L'azienda per cui lavoro come dipendente, e che si chiama Millemotivi Franchising, ha una catena di negozi che vendono prodotti legati alla stampa e alla grafica. In fase di definizione del marchio, avremmo potuto evidenziare la serietà di questo franchising e la professionalità, costruendo un visual che trasmettesse questi valori, che tra l'altro fanno realmente parte del gruppo.

In realtà invece, abbiamo preferito dare un taglio più simpatico e coinvolgente al marchio e abbiamo inserito una piccola rana che fa da mascotte al gruppo. Abbiamo scelto anche di abbinare i colori grigio e arancio, per ravvivare il marchio. Una volta creato il brand abbiamo anche sviluppato tutta l'immagine dell'azienda e l'allestimento dei negozi con lo stesso stile.

Il risultato è stato un'immagine simpaticissima e sempre fresca. I nostri affiliati ogni giorno pubblicano sui social network decine di ranette che augurano il buon giorno piuttosto che far mostra dei loro lavori ecc. Ne consegue che gli utenti, il nostro pubblico, si aspetta di trovare all'interno dei punti vendita proprio questo tipo di approccio.

Questo perché da subito abbiamo deciso di dare alla nostra azienda questo tipo di carattere, spiritoso e divertente, e l'abbiamo mantenuto come costante di qualsiasi tipo di comunicazione che abbiamo pianificato.

SEGRETO N. 7: l'azienda deve avere un carattere e un'identità sua tanto quanto una persona fisica. E' necessario quindi definire bene e molto chiaramente quale sia questo carattere e il linguaggio che vorremo portare avanti.

Abbiamo creato un marchio che fa al caso nostro e gli abbiamo attribuito un carattere e un linguaggio. Che cosa rimane da fare?
Dobbiamo creare coerenza nell'insieme di tutti questi elementi.
E come si crea la coerenza?

Innanzitutto attraverso l'immagine aziendale: un'azienda che si dichiara dalla parte degli animali e poi pubblica una sua campagna pubblicitaria che invita ad andare a caccia non trasmette coerenza. Per questo motivo, anche se può sembrare scontato (ma vi garantisco che non lo è), è necessario che a prescindere dagli strumenti utilizzati si crei un'immagine istituzionale che ruoti attorno alla mission aziendale e che non si allontani mai da lì.

Un altro modo per creare coerenza sta nell'utilizzo dei colori. E' importante mantenere costante l'utilizzo delle stesse tonalità su qualsiasi strumento di comunicazione e, laddove vi è la necessità, scegliere un colore diverso ma che rimandi ad una sensazione simile. Nel caso di Millemotivi appunto, il colore predominante è l'arancio. Laddove vi sia la necessità di scegliere un'altra tonalità è importante individuarne una ugualmente calda e solare, che trasmetta quindi la stessa sensazione di accoglienza.

Ultimo elemento per creare coerenza sono i soggetti presenti nei visual. Se un'azienda utilizza spesso una rana scherzosa come mascotte e la pubblica dovunque, non sarà più immediatamente riconoscibile al suo pubblico nel momento in cui andrà a proporre un soggetto diverso, che sia un altro animale o una persona. Per questo è importante domandarsi fin da subito quale identità deve avere la nostra azienda: cambiare linguaggio o visual in corso d'opera può essere molto pericoloso e può allontanarvi irrimediabilmente dal vostro pubblico.

SEGRETO n. 8: creare coerenza tra marchio, utenti e comunicazione. Rimanere allineati con la mission aziendale. Comunicare lo stesso linguaggio attraverso i colori e gli elementi visual.

Vi siete mai chiesti quali sono i valori della vostra azienda?
Se non lo avete fatto è adesso il momento di farlo, quindi fermatevi a riflettere prima di continuare a leggere e individuatene almeno tre.

Fatto? Ok.
Ogni azienda ha dei valori che sono alla base del suo successo e che, se presentati adeguatamente al pubblico, fanno sì che questo la scelga in mezzo a tanta concorrenza.

Vi faccio un altro esempio. McDonald's da sempre è il fast food dei bambini. Fuori da ogni ristorante di questa catena ci sono tanti giochi per intrattenerli. All'ingresso si trova il famoso pagliaccio ad accoglierli e al bancone si può scegliere tra tanti menu tra cui alcuni dedicati proprio ai più piccoli. Uno dei valori di McDonald's fin dall'inizio è stato proprio questo: creare un ambiente per i bambini, che di solito passavano serate ad annoiarsi ai ristoranti con i genitori e gli adulti.

Alla prima occasione in cui l'azienda ha visto mettere in discussione la genuinità dei suoi prodotti, McDonald's ha subito creato un arredamento completo per i fast food sulle cui pareti viene descritto, in maniera semplice e simpatica, il processo di produzione delle materie prime. Questo per evitare di contraddire i suoi valori aziendali, proponendo prodotti che sembravano non salutari per i bambini.

Cosa è successo invece a Burger King, uno dei migliori competitor di McDonald's? Burger King è un'altra catena di fast food, della stessa qualità di McDonald's, ma che fin dal primo giorno non ha saputo posizionarsi bene sul mercato. Mentre quest'ultimo è il fast food dei bambini, Burger King è un fast food e basta. Ecco perché Burger King non riesce a superarlo, perché a lui manca quel valore in più che faccia la differenza, e soprattutto non sono stati utilizzati gli strumenti giusti, tra cui un adeguato visual, per mostrarlo al pubblico.

SEGRETO n. 9: definire quali siano i valori del brand e condividerli con il pubblico attraverso il visual e il linguaggio visivo, non solo nei messaggi pubblicitari ma anche in tutti gli elementi che compongono lo stile dell'azienda.

Ultimo segreto relativo alla brand identity e al visual marketing sta nel riuscire a toccare le corde emotive del pubblico. A prescindere da tutto quello che abbiamo detto fino ad ora, la cosa che più lega un utente ad un'azienda e che lo fidelizza ad essa è l'essere coinvolti emotivamente. Per cui, nella creazione di un visual, va da sé che il primo obiettivo deve essere questo.

Come vi dicevo, all'interno del mio blog annatartaglia.com ho creato recentemente un contest. I partecipanti dovevano pubblicare lo spot pubblicitario più bello che ricordavano. Il risultato è stato una serie di video molto coinvolgenti e belli.

Questo significa che le persone danno molta importanza al lato emotivo e che tendono a ricordare di più quegli spot che sono riusciti a raggiungere il loro cuore. Questa esperienza mi è servita come test, proprio per valutare quale sia la caratteristica che imprime di più nel ricordo dell'utente un visual e ovviamente il risultato è stato proprio che tutto ciò che è legato alla vista e all'udito (e i due sensi possono appunto "unirsi" nel caso di uno spot televisivo) rimanda inevitabilmente a dei ricordi. Ecco perché alcuni spot sono più incisivi di altri e vengono ricordati molto di più. Perché toccano l'emotività degli utenti.

SEGRETO n. 10: entrare in contatto con le emozioni del pubblico, per coinvolgerli e fidelizzarli, è l'arma vincente. E' quindi necessario creare un visual che tocchi il cuore degli utenti.

## RIEPILOGO DEL CAPITOLO 2:

SEGRETO n. 6: Creare un marchio che sia semplice, facile da memorizzare e che parli delle caratteristiche dell'azienda. Insieme al naming costituirà gran parte della brand identity.

SEGRETO n. 7: l'azienda deve avere un carattere e un'identità sua tanto quanto una persona fisica. E' necessario quindi definire bene e molto chiaramente quale sia questo carattere e il linguaggio che vorremo portare avanti

SEGRETO n. 8: creare coerenza tra marchio, utenti e comunicazione. Rimanere allineati con la mission aziendale. Comunicare lo stesso linguaggio attraverso i colori e gli elementi visual.

SEGRETO n. 9: definire quali siano i valori del brand e condividerli con il pubblico attraverso il visual e il linguaggio visivo, non solo nei messaggi pubblicitari ma anche in tutti gli elementi che compongono lo stile dell'azienda.

SEGRETO n. 10: entrare in contatto con le emozioni del pubblico, per coinvolgerli e fidelizzarli, è l'arma vincente. E' quindi necessario creare un visual che tocchi il cuore degli utenti.

# CAPITOLO 3:

## Come creare un visual accattivante

Quando parliamo di visual, è inevitabile parlare dell'universo dei colori. Ciò che dobbiamo però tenere bene a mente è che ciascun colore trasmette una sensazione diversa all'utente e che la scelta di alcune totalità va a condizionare l'identità del brand e il messaggio che vuole lanciare.

Di seguito un piccolo elenco che può essere di aiuto:
- Rosso: è il colore che l'occhio umano percepisce più rapidamente, rappresenta l'energia, la velocità, il pericolo, l'eccitazione, la forza, il sesso.
- Blu: è il colore preferito dagli europei, soprattutto da quelli di sesso maschile, rappresenta la sicurezza, la responsabilità, la fiducia.
- Giallo: caldo e stimolante come il sole, è il colore dei sentimenti positivi e della felicità; questo colore è particolarmente amato dai più giovani.

- Arancione: un colore caldo e ricco di energia, ottimo per incoraggiare il consumatore all'acquisto.
- Verde: colore fresco associato alla natura, alla luminosità e alla speranza.
- Rosa: morbido e delicato è usato come simbolo di amore e dolcezza. Attenzione, però: un utilizzo eccessivo di questo colore può essere considerato infantile.
- Bianco: purezza, pulizia. In Asia il bianco è legato alla morte.
- Nero: può essere sofisticato, elegante o misterioso, ma simboleggia anche la morte e l'occulto. Se utilizzato in modo corretto può creare un effetto molto esclusivo e chic.
- Oro e Argento: sono i colori più prestigiosi e regali. Tendono ad essere associati ai beni costosi.

Se ci soffermiamo a riflettere per esempio sugli spot televisivi che vediamo ogni giorno, ci accorgiamo che in tutti c'è una tonalità predominante. Questa tonalità è quella che viene utilizzata per far provare agli utenti la sensazione che preferiamo così da far associare, nella mente del pubblico, quel colore alla nostra azienda.

SEGRETO n. 11: scegliere il colore predominante in base alla percezione che dovrà dare e ricordarsi che quella tonalità andrà a condizionare le scelte di acquisto dell'utente.

Un altro accorgimento da avere in fase di creazione di un visual è legato all'utilizzo delle immagini. In questo caso mi riferisco in particolare alla scelta di un visual fotografico e soprattutto (cosa che capita molto spesso) al suo utilizzo attraverso i social network, blog o siti vari.

Quando scegliamo un'immagine è molto importante avere premura di verificare che la qualità sia alta, che non vada a sgranare nel momento in cui viene utilizzata e che l'impatto visivo sia del massimo livello. Può sembrare scontato, eppure, soprattutto scorrendo il news-feed di Facebook vediamo tantissimi casi in cui le foto sono scadenti. Ricordate sempre che nella mente dell'utente un'immagine scadente viene identificata come la qualità del VOSTRO LAVORO altrettanto scadente.

Una cosa da evitare è fare la classica ricerca su Google e pescare foto "a caso". Oltre a rischiare una qualità scadente, c'è il pericolo che andiate a prendere immagini coperte da copyright e, considerato che non sempre abbiamo l'accortezza o la possibilità di segnalare l'autore, rischiamo anche di trovarci in brutte situazioni per esserci presi ciò che non è nostro.

Oltre a Flickr, il social network di condivisione di fotografie, al cui interno troviamo migliaia di immagini (spesso anche libere da diritti e quindi scaricabili), su web esistono anche tanti archivi fotografici a pagamento da cui poter attingere.
E' sufficiente registrarsi e acquistare, come un normale e-commerce, l'immagine che si desidera.

Alcuni di questi archivi sono: fotolia.it, www.thinkstockphotos.it, www.gettyimages.com, www.shutterstock.com. ecc.

Alcuni Social Network, come Facebook per esempio, proprio per garantire l'alta qualità delle immagini presenti sulla sua piattaforma, danno la possibilità di scaricare gratuitamente immagini d'archivio (Shutterstock.com) da inserire all'interno delle inserzioni pubblicitarie. Questo vi fa capire quanto sia importante alzare il livello del visual per dare un'ottima impressione sugli utenti.

Infine, una volta scelta l'immagine che fa al caso nostro, è possibile andarla a modificare utilizzando programmi di ritocco fotografico come Adobe Photoshop.

**SEGRETO n. 12:** fare attenzione a scegliere soltanto immagini di alta qualità, esteticamente belle e libere da diritti d'autore.

Poiché parlando di Visual Marketing ci riferiamo a tutti quegli strumenti di comunicazione che utilizzano di base un elemento visuale, non possiamo dimenticare che all'interno di un visual c'è un'altra cosa che riveste un ruolo importantissimo: il testo.

Quando parlo di testo non faccio riferimento tanto al suo contenuto, quanto alla scelta dei caratteri tipografici (font) e dei colori da utilizzare: tutto ciò che appunto appare visivamente.

Innanzitutto attenzione all'inserimento di testi sopra l'immagine, non devono essere troppo invasivi rispetto allo sfondo. I font utilizzati devono essere leggibili e chiari.

Fate attenzione anche ai colori con i quali scrivete, non devono confondere la lettura ma anzi devono essere in contrasto con lo sfondo così da spiccare senza esagerare.

Spesso può aiutare inserire un elemento geometrico sotto al testo, magari rendendolo un po' trasparente, per racchiuderlo in un'area delimitata che ne agevoli la lettura e che dia quel tocco grafico che non guasta mai.

Importantissimo: il testo, così come le immagini, deve essere in linea con l'immagine aziendale, riportare colori uguali o simili a quelli legati al brand e andare a valorizzare il messaggio che stiamo trasmettendo.

Il testo diventa così un vero e proprio elemento visuale inserito armonicamente all'interno di una composizione grafica e non si limita più ad essere un semplice insieme di parole a scopo informativo.

SEGRETO n. 13: inserire correttamente i testi facendo attenzione sia alla scelta del carattere tipografico che a quella dei colori e degli elementi grafici in cui collocarli.

RIEPILOGO DEL CAPITOLO 3:

SEGRETO n. 11: scegliere il colore predominante in base alla percezione che dovrà dare e ricordarsi che quella tonalità andrà a condizionare le scelte di acquisto dell'utente.

SEGRETO n. 12: fare attenzione a scegliere soltanto immagini di alta qualità, esteticamente belle e libere da diritti d'autore.

SEGRETO n. 13: inserire correttamente i testi facendo attenzione sia alla scelta del carattere tipografico che a quella dei colori e degli elementi grafici in cui collocarli.

# CAPITOLO 4:

## Come fare Visual Marketing sui Social Network

Prima di capire COME fare Visual Marketing sui Social Network è necessario capire quali, tra tutti quelli esistenti, si adattano di più alle esigenze della vostra azienda.

Ogni Social Network necessita infatti di un approccio diverso in base alla sua impostazione e a quale utilizzo dobbiamo farne.

Prendiamone in esame alcuni tra i principali, anche per analizzare subito quale faccia al caso nostro. E cominciamo dal più popolare, e il più utilizzato in assoluto: Facebook.

Facebook permette di entrare in contatto con il proprio pubblico, di condividere commenti e dubbi e dà la possibilità alle aziende di poter creare inserzioni a pagamento. Ha una struttura che agevola la viralità dei contenuti pubblicati e che quindi può raggiungere tantissimi utenti in poco tempo. La cosa più importante di questo

Social Network è la possibilità di raggiungere veramente chiunque, perché ad oggi la maggior parte delle persone vi sono registrate e passano tanto tempo collegati.

Dopo Facebook amo parlare sempre di Google Plus. Questo perché è un Social Network in forte crescita, utilissimo soprattutto per le aziende. Su Google Plus (o Google+) non si parla di amici o di "mi piace", ma si ragiona per accerchiamenti. Ciascuno crea le sue cerchie all'interno delle quali inserisce i contatti per andare poi a pubblicare contenuti mirati. Il (bellissimo) concetto che sta alla base di Google+ è quello della condivisione di contenuti utili per gli utenti e di interazione fra questi. Su questo Social Network vince la generosità, la disponibilità e la gentilezza. Troviamo tanti iscritti, in quanto è sufficiente avere un account di Gmail per risultare iscritti, ma le persone realmente attive sono ancora (relativamente) poche: questo, se sfruttato bene, può essere un elemento molto a favore di chi voglia fare business con i social media. Oltre a questo Google+ è il Social Network di Google e quindi pubblicare contenuti aiuta tanto nel posizionamento sui motori di ricerca.

A seguire troviamo Twitter, un Social Network di condivisione di informazioni in tempo reale. E' utilissimo nel caso si voglia seguire un evento ed ha come caratteristica la possibilità di raccogliere, utilizzando gli hashtag correttamente, tutti i contenuti relativi ad un determinato argomento. Cosa è l'hashtag? Ve lo spiego subito: avete mai notato quelle parole con il cancelletto davanti? per esempio #visualmarketing? Sono parole chiave che identificano l'argomento di cui si parla. Inserendo l'hashtag nella casella di ricerca appaiono automaticamente tutti i post relativi a quello che abbiamo scritto. Una cosa molto importante da tenere a mente: essendo un social network basato sulla condivisione di informazioni, basta un minuto di troppo per rendere un post ormai obsoleto.

A differenza dei Social Network appena citati, ne esiste uno che non richiede la condivisione di contenuti scritti, aggiornamenti di stato o foto, ma che è completamente incentrato sulla pubblicazione di video: sto parlando di Youtube. Su questo l'utente deve soltanto inserire una parola chiave e cercare il video che più gli interessa tra quelli elencati. Se parliamo di Visual Marketing ovviamente questo social è uno dei primi ad usufruirne perché il suo utilizzo è fondato proprio sulla condivisione di visual.

Infine, tra i più popolari, troviamo anche Instagram e Pinterest, che fanno delle immagini, e quindi del Visual Marketing, il loro centro. Instagram dà la possibilità di condividere fotografie scattavate sul momento, istantanee, mentre Pinterest raccoglie immagini sotto forma di pin, che rimandano però a siti internet originali. Su Instagram troviamo tantissimi iscritti, prevalentemente giovani e molto presenti, mentre Pinterest attualmente non è ancora molto utilizzato in Italia e quindi possiamo trovare soprattutto aziende e blogger.

Ciascun Social Network ha le sue caratteristiche, per questo è necessario riflettere su quali risultati vogliamo ottenere attraverso una corretta strategia di social media marketing e scegliere dove veicolare i nostri contenuti in base a questo. In relazione al Visual Marketing, alcuni social danno più importanza di altri agli elementi visuali, ma anche la scelta di questo deve rientrare in una strategia aziendale.

SEGRETO n. 14: Scegliere il Social Network più adatto alle esigenze della tua azienda, studiare una corretta strategia di social media marketing e veicolare il visual attraverso gli strumenti scelti

Una corretta strategia di Web Marketing necessita anche di un'analisi della concorrenza. Fortunatamente non sono moltissime le aziende che in questo momento utilizzano già i Social Media come strumenti di business (anche se sono in costante aumento). Questo è un punto a favore per chi invece è all'avanguardia e giustamente sceglie questi canali per veicolare i propri contenuti.

La prima cosa da fare quindi, è andare a vedere cosa fanno i nostri concorrenti, non per "spiarli" ma semplicemente per non lasciare niente al caso. E' importante non dare la possibilità ai nostri competitor di passarci avanti in questa scelta e in tutte quelle che ne derivano.

Essere presenti sui Social Network consente di avere continuamente un riscontro su tutte le esigenze del nostro pubblico. Infatti gli utenti comunicano e ci mettono costantemente al corrente di quali sono i loro bisogni e le loro preferenze.

Proprio stamani mi sono ritrovata a seguire un corso di formazione in Hangout (la chat di Google+) e mentre questo veniva trasmesso in diretta gli utenti come me potevano commentare. Nei commenti si trovavano indicazioni del tipo "l'audio si interrompe spesso" fino a "questo corso è utilissimo perché…" ecc. Sono certa che gli autori del corso avranno fatto tesoro delle richieste del pubblico e che la prossima volta non ripeteranno gli errori, se ce ne sono stati.

Parlando di Visual Marketing è ancora più importante fare attenzione al tipo di visual che i concorrenti utilizzano: sono immagini di alta qualità? Fanno parte di qualche archivio fotografico? Utilizzano fotografi interni all'azienda? Che tipo di visual utilizzano? Foto, video, pubblicità…? Tutte queste risposte vanno poi analizzate e bisogna fare attenzione ad utilizzare un nostro linguaggio visivo, che sia chiaro ma che allo stesso tempo si distingua dagli altri. Può essere una valida scelta quella di seguire uno stile nostro, per esempio banalmente scegliere solo fotografie in bianco e nero, così da essere facilmente individuabili e più facilmente ricordabili anche in mezzo alla concorrenza.

SEGRETO n. 15: analizzare la concorrenza sui Social Network scelti per poter pianificare una corretta strategia di web marketing

Il primo segreto alla base di una corretta strategia di social media marketing è la presenza costante su web. Questo non significa dover stare tutto il giorno con smartphone o tablet in mano, ma è importante innanzitutto avere una persona che si dedichi a questo.
Il lavoro di Social Media Manager è una vera e propria professione a sé e, per quanto nell'idea collettiva Social Network e divertimento vengano associati, vi garantisco che questo lavoro non è affatto una passeggiata e che quindi non potete affidarvi al caso.

Io stessa, oltre che a fare social media marketing per il mio blog annatartaglia.com, sono blogger e social media manager di

Millemotivi Franchising (quindi per un'azienda), scrivo su vebpost.it come esperta di social network e mi dedico ad altre aziende di vari settori.

Essere presenti quindi. Ai nostri affiliati di Millemotivi Franchising chiedo sempre di iniziare la giornata pubblicando sui social una delle nostre ranette che augura buon giorno. Questo perché essendo un'immagine molto simpatica, le persone tendono a notarla e ricordarla.

E' molto importante anche dedicare mezz'ora/un'ora del giorno alla lettura dei commenti del pubblico e a rispondere. MAI lasciare in sospeso una richiesta per tempi lunghi, soprattutto se l'utente ha scritto una critica o qualcosa di poco positivo.

In ultimo condividere contenuti di valore: articoli del vostro blog, di altri, fotografie belle, video interessanti. qualsiasi cosa possa risultare utile per il vostro pubblico. Se gli utenti troveranno sul vostro account materiale interessante, sicuramente torneranno da voi e prima o poi diventeranno vostri clienti.

SEGRETO n. 16: essere costantemente presenti sui social network, utilizzando foto, video, articoli per attrarre l'utente, rispondendo ai commenti e seguendo regolarmente tutto ciò che accade.

Esistono alcune tecniche per coinvolgere gli utenti e per avere così una maggiore visibilità.

Una di queste è la creazione di un contest, come quello di cui vi ho parlato e che ho creato per il mio blog. Le persone si sono sentite molto coinvolte, tanto che una volta che avevano pubblicato il loro spot preferito andavano a vedere tutti gli altri.

Gli spot televisivi hanno un forte valore, che è quello di emozionare perché vengono associati alla quotidianità, allo "stare in casa" e il poter rivedere pubblicità per esempio di fine anni 80 o inizi anni 90, ha regalato a tutti i partecipanti questa sensazione, coinvolgendoli da dentro, tanto che si sono sentiti in dovere di scrivermi, commentare, chiedere il mio contatto in privato ecc.

Un altro utile strumento che si può utilizzare è il blog tour. Praticamente una nostra intervista o un nostro particolare articolo si ritrovano ad essere pubblicati ogni giorno su blog diversi.

Questa operazione permette ai blogger di aumentare il numero dei suoi lettori e, attraverso la pubblicazione di immagini o video accattivanti, di poter coinvolgere al massimo gli utenti.

In queste operazioni è sempre molto importante continuare ad usare contenuti visivi di alta qualità: su web non tutti curano questo aspetto e questo va a nostro favore, perché sicuramente saremo ricordati maggiormente se ci presenteremo al pubblico adeguatamente. Attenzione all'inserimento delle immagini di profilo o di copertina sui social network, evitate sempre che vengano tagliate male. E ricordate di pubblicare costantemente e regolarmente ogni giorno. Non c'è cosa più odiosa di vedere 5 post tutti insieme pubblicati oggi e nessun altro per 5 giorni consecutivi.

SEGRETO n. 17: coinvolgere gli utenti anche utilizzando strumenti come contest e blog tour. Cercare sempre immagini di qualità alta e pubblicare regolarmente post.

Torniamo ai nostri valori aziendali. E torniamo sul social network che abbiamo scelto. Utilizziamo lo strumento visual identificato come il più adatto a noi per lanciare il messaggio in linea con quei valori e che sappiamo ci permetterà di raggiungere i nostri obiettivi.

Cosa manca? Ve lo dico io. Manca quel qualcosa che renda veramente appetibile il vostro visual e che vada a spingere gli utenti a cliccare. Questo "qualcosa" ha un nome e si chiama "contenuto di valore". Nel marketing parliamo addirittura di web content, cioè di web di contenuto. E intendiamo l'insieme di informazioni, curiosità, elementi interessanti che rendono un post veramente attraente agli occhi del pubblico.

Vi faccio un esempio molto banale: io sono un ristorante. Voglio pubblicare una fotografia pubblicizzando il mio piatto forte che è la frittura di pesce. E con questa fotografia voglio dirti "ehi tu, vieni nel mio ristorante!".

Se io mi limitassi a pubblicare la fotografia (per quanto stupenda che sia) e a scrivere "vieni ad assaggiare la frittura di pesce da Anna's Restaurant!" non avrei sicuramente un impatto così efficace sul pubblico. Gli utenti lo avvertirebbero come l'ennesimo messaggio pubblicitario e una volta pensato "ah la frittura... che buona!", continuerebbero a scorrere la home page di Facebook dimenticandosi di me.

Ma se io invece pubblicassi un post contenente un articolo che spiega i 3 segreti per ottenere la migliore frittura di pesce, e lo presentassi con una fotografia strepitosa, l'utente quasi sicuramente sarebbe incuriosito. Egli stesso si chiederebbe COME effettivamente si può cucinare questa frittura e quali siano questi segreti per renderla diversa dalle altre. Nella sua mente si innescherebbe questo ragionamento: se tu ristorante sei in grado di consigliarmi su una ricetta, significa che tu cucini realmente meglio degli altri quel piatto. Il tutto abbinato ad una fotografia da acquolina in bocca. Ok, il gioco è fatto. Il cliente è mio.

Questo significa creare valore su web. Significare dare notizie e informazioni reali agli utenti che vadano veramente ad aggiungere valore al loro bagaglio culturale e che, a fine lettura, li faccia sentire davvero arricchiti. Queste informazioni devono necessariamente essere accompagnate da un visual accattivante che, come una vera e propria ciliegina sulla torta, vada a rendere il tutto magicamente coinvolgente e invogli l'utente a ritornare sulla vostra pagina.

SEGRETO n. 18: trasmettere i valori aziendali accompagnando il visual anche con contenuti di reale valore, che vadano ad arricchire le conoscenze degli utenti e a posizionarvi nella sua mente come gli esperti di quel settore

RIEPILOGO DEL CAPITOLO 4:

SEGRETO n. 14: Scegliere il Social Network più adatto alle esigenze della tua azienda, studiare una corretta strategia di social media marketing e veicolare il visual attraverso gli strumenti scelti

SEGRETO n. 15: analizzare la concorrenza sui Social Network scelti per poter pianificare una corretta strategia di web marketing

SEGRETO n. 16: essere costantemente presenti sui social network, utilizzando foto, video, articoli per attrarre l'utente, rispondendo ai commenti e seguendo regolarmente tutto ciò che accade.

SEGRETO n. 17: coinvolgere gli utenti anche utilizzando strumenti come contest e blog tour. Cercare sempre immagini di qualità alta e pubblicare regolarmente post.

SEGRETO n. 18: trasmettere i valori aziendali accompagnando il visual anche con contenuti di reale valore, che vadano ad arricchire le conoscenze degli utenti e a posizionarvi nella sua mente come gli esperti di quel settore.

# CAPITOLO 5:
# Come fare Visual Marketing fuori dal web

Il primo pensiero che potrebbe passare in testa è che sia molto più facile fare visual marketing fuori dal web. Che ci vuole a creare un bel visual e a diffonderlo ovunque perché abbia visibilità?

In realtà non è così. Intanto partiamo dal presupposto che intorno a noi ci sono migliaia di annunci pubblicitari, sotto forma di manifesti, di spot televisivi o radiofonici, di brochure o riviste cartacee, di striscioni, di marchi stampati sull'abbigliamento delle squadre sportive... tutto intorno a noi è pubblicità, tutto comunica. E in mezzo a questo mare di pubblicità noi dobbiamo emergere.

E non solo. Forse adesso vi farò sorridere, ma non so se vi siete mai resi conto di quante persone passano gran parte della loro giornata con il viso abbassato verso il loro smartphone. E quindi ignorando completamente le migliaia di annunci pubblicitari di cui parlavamo.

In questa società tutto è *mobile*. Le persone si connettono sullo smartphone tantissime volte e, visti anche i costi inferiori che ha il web, le aziende tendono giustamente ad investire di più in questo ambito.

Eppure fuori dal web i messaggi da comunicare e il linguaggio con cui farlo cambiano completamente, ed è importantissimo essere coscienti che una strada non esclude l'altra.

Su web si può tranquillamente pubblicare un'infografica a riprova che il servizio che offre la tua azienda funziona davvero, ma su un manifesto di 6x3 metri, magari inserito al centro di una rotonda o su un incrocio, non si può pensare di mettere un visual del genere.

Ed è per questo che alcuni strumenti fuori dal web, risultano molto più efficaci di altri. Ciò che sta alla base di questo ragionamento però è sempre la scelta di quel famoso messaggio da trasmettere di cui abbiamo tanto parlato.

Un brand come Armani per esempio, non ha bisogno di scegliere strumenti come il web per spingere il suo prodotto, perché è già posizionato sul mercato e perché ha già il suo pubblico che lo segue e lo adora a prescindere.

Ma ciò che si aspetta questo pubblico è di vedere una campagna della nuova collezione su Vogue. Niente e nessuno andrà mai a cancellare questa aspettativa.

Armani è moda, classe, stile. E Vogue è moda all'ennesima potenza. Quindi Armani deve trovarsi su Vogue così come Vogue deve includere un annuncio di Armani.

Questo agli occhi del suo pubblico è indiscutibile e Armani, creando una campagna su Vogue non fa altro che lanciare il messaggio "ok, noi ci siamo e siamo qui per voi come avete chiesto". Questo è già sufficiente a fidelizzare il suo pubblico e a non deludere le sue aspettative.

SEGRETO 19 - creare un messaggio da comunicare fuori dal web per non deludere le aspettative del pubblico. Ricordare che la pubblicità online non esclude quella offline e viceversa, ma anzi sono complementari.

Una cosa che può risultare molto utile è sfruttare le tendenze del momento per fare in modo che il pubblico venga immediatamente attratto dal vostro visual.

Vi faccio un esempio: sapete che nella vostra zona c'è una grande percentuale di persone vegane? Sfruttate immagini che parlino chiaramente di questo, non pubblicate MAI una bistecca alla fiorentina e, se potete, sbandierate ovunque la certificazione "Vegan Ok" che avete acquisito. Siate furbi!

Un altro argomento di forte interesse è quello del mondo degli animali: perché non mostrare pubblicamente che anche voi adorate i cani tanto da riservare uno spazio apposito per la toilette all'interno della vostra struttura alberghiera? Oppure siete un'azienda che produce carta? Mostrate che state collaborando con il WWF!

Analizzare bene quali sono le tendenze della società, della vostra zona, del vostro target o semplicemente del vostro settore può risultare veramente efficace perché si va a colpire l'utente laddove ha già indirizzato di partenza il suo interesse.

Questa strategia non è altro che parte di un'analisi del target. Io stesso l'ho fatto in passato attraverso sondaggi sul mio blog, dove venivo a conoscenza di quali fossero gli argomenti preferiti dai miei lettori e per questo cercavo di approfondirli ancora di più aumentando il loro interesse verso ciò che scrivevo.

SEGRETO 20 - sfruttare le tendenze del momento per predisporre il target ad interessarsi alla tua azienda e creare empatia.

Adesso vi svelo un altro segreto: dovete sempre puntare a ciò che è veramente bello! E c'è un motivo per cui questo risulterà molto efficace. Qualsiasi visual pubblicato su web passa davanti agli occhi degli utenti ad una velocità alta. A meno che non sia esattamente strutturato come vi ho spiegato nel giorno 4, il visual scorrerà rapidamente (soprattutto sui social network) e così come sarà arrivato se ne riandrà dalla vita degli utenti non creando nessuna attenzione da parte loro.

Quando invece parliamo di visual FUORI dal web, parliamo di contenuti che rimangono fermi per molto tempo: un manifesto può rimanere appeso per mesi, una brochure può essere distribuita e poi conservata per un lungo periodo, una rivista rimane dal parrucchiere per settimane... e se il vostro visual è veramente BELLO, e intendo esteticamente attraente tanto da far voltare la testa a chi passa da lì o sfoglia la rivista, sicuramente otterrà risultati.

Questo è ovvio che vale anche per il mondo del web, ma quello che fa la differenza è la staticità del supporto su cui il visual viene veicolato. Su web la nostra mente è abituata a scorrere tutto velocemente, mentre fuori dal web, una volta catturata davvero l'attenzione del target, il visual va ad imprimersi indelebile.

Inoltre, mentre sui social network tutti hanno la libertà di condividere contenuti per cui siamo abituati a vedere dall'immagine più scadente a quella più bella, spesso fuori dal web il livello di qualità del visual è elevato, perché frutto di agenzie di comunicazione o studi grafici che hanno lavorato bene sulla scelta delle immagini e sul concept della campagna. Per questo è necessario tenere testa e puntare sempre alla bellezza assoluta!

SEGRETO 21 - comunicare attraverso visual esteticamente belli, sia perché rimarranno esposti più a lungo, sia perché nella comunicazione offline è più facile trovare una qualità più alta con cui competere

Una volta seguite tutte le "regole", l'obiettivo finale deve essere solo uno: quello di rendere il marchio riconoscibile.

Quante pubblicità vi ricordate, magari anche molto simpatiche o emozionanti, ma non vi ricordate cosa volevano vendere e soprattutto CHI voleva vendervi quel prodotto? A me capita molto spesso, nonostante sia del settore e tenda ad osservare anche più degli altri le pubblicità che mi trovo davanti.

Ricordo uno spot del 2000 in cui si vedeva una giovane e bella ragazza che gridava arrabbiata al telefono al suo fidanzato e che concludeva la litigata dicendo "adesso esco e vado col primo che incontro". Appena aperta la porta si trovava di fronte il vicino di casa ad accoglierla con un malizioso "buonaseraaa". Questa pubblicità, molto divertente e nella memoria di molti, era della Fiat. Come dicevo è uscita nel 2000, e nonostante io la ricordassi benissimo ho dovuto cercarla su youtube 5 minuti fa per scoprire che cosa vendesse.

Questo perché il messaggio era così poco immediato (lo spot concludeva con un "cogli l'attimo" pubblicizzando l'offerta del momento) da non rendere possibile il collegamento con l'azienda della Fiat e per quanto lo spot in sé rimanesse simpatico e venisse ricordato facilmente non aveva l'effetto voluto.

Questo è un grave errore, poiché lanciare una pubblicità che però non permette di associare nella memoria il prodotto al suo brand, significa letteralmente buttare via denaro, tempo e energie.

Che parliamo quindi di spot televisivi, di fotografie, di campagne pubblicitarie, di packaging, di vetrine... tutto deve sempre rimandare al marchio, che in questo caso fa da Re.

SEGRETO 22 - qualsiasi sia il visual scelto, l'obiettivo

prefissato e il messaggio che vogliamo lanciare, dobbiamo sempre puntare alla riconoscibilità del marchio.

RIEPILOGO DEL CAPITOLO 5:

SEGRETO 19 - creare un messaggio da comunicare fuori dal web per non deludere le aspettative del pubblico. Ricordare che la pubblicità online non esclude quella offline e viceversa, ma anzi sono complementari.

SEGRETO 20 - sfruttare le tendenze del momento per predisporre il target ad interessarsi alla tua azienda e creare empatia.

SEGRETO 21 - comunicare attraverso visual esteticamente belli, sia perché rimarranno esposti più a lungo, sia perché nella comunicazione offline è più facile trovare una qualità più alta con cui competere.

SEGRETO 22 - qualsiasi sia il visual scelto, l'obiettivo prefissato e il messaggio che vogliamo lanciare, dobbiamo sempre puntare alla riconoscibilità del marchio.

# CONCLUSIONE

A conclusione di questo corso vi svelerò l'ultimo segreto, valido non solo per questa disciplina ma per qualsiasi ambito della nostra vita, e valido sia online che offline: credere in quello che facciamo mettendoci tutto l'impegno.

Vi siete mai chiesti che cosa renda un lavoro davvero produttivo? La prima cosa che alimenta qualsiasi tipo di attività è l'entusiasmo, è indispensabile crederci e dedicare il nostro tempo alla nostra attività. Da parte mia garantisco che il visual marketing è un ottimo strumento per raggiungere il vostro pubblico, ma ovviamente ciò che realmente realizza il successo della vostra azienda siete voi.

E' quindi indispensabile rimboccarsi le maniche e iniziare a muoversi verso la giusta direzione, ponendosi chiari obiettivi, ma consapevoli che la differenza la fate voi.

Ricapitolando quindi dovete intanto interrogarvi su quali sono i vostri obiettivi aziendali, entro quando volete raggiungerli e cosa dovete fare per arrivarci.

Chiedetevi quale è il vostro target. A chi stiamo parlando? A ragazzi, bambini, adulti? E di cosa si occupa in prevalenza questo target? Se sono ragazzi, che scuola frequentano? Se sono adulti, in che settore lavorano? E cosa fanno nel tempo libero? E così via, fino ad analizzare la posizione geografica, la cultura, i passatempi ecc.

A seguire chiediamoci di cosa abbia bisogno questo target. Andiamo ad analizzare tutto ciò che abbiamo fatto fino ad oggi, non solo online ma anche offline. Leggiamo uno per uno i commenti e le recensioni, vediamo quali contenuti hanno ricevuto più click e quali meno. Vediamo attraverso quali strumenti i clienti sono arrivati da noi. E in base a tutto questo creiamo un visual che colpisca il pubblico e la attragga veramente.

Ricordate sempre che il visual marketing è un potente strumento di brand identity e che se utilizzato correttamente porta enormi frutti.

Nella realizzazione di un visual dobbiamo sempre tenere presente l'immagine e i valori dell'azienda. L'intera comunicazione deve e avere un filo logico conduttore e il visual deve sempre rimandare al brand. La strada più importante da percorrere è il coinvolgimento emotivo degli utenti, che permette di imprimere il marchio nella mente delle persone in maniera indelebile.

Ovviamente nella creazione di un visual dobbiamo ricordare di fare molta attenzione alla scelta dei colori, perché ciascun colore ha la capacità di trasmettere una sensazione. Oltre a questo dobbiamo porre molta cura nella scelta dei caratteri tipografici, che una volta inseriti vanno a "dettare" il tono dell'annuncio stesso.

Poniamo molta cura nella scelta di immagini di qualità. NO a immagini sgranate, sfuocate o poco chiare, a meno che non rientrino in una strategia di marketing.

Possiamo poi decidere come veicolare il nostro visual, se farlo online attraverso i social network, oppure offline attraverso i tradizionali strumenti di comunicazione.

Nel caso si decida di passare per il web, è importante saper scegliere quale tra i tanti social network si adatta di più alle esigenze dell'azienda. Creare un post e duplicarlo su tutti i social non è costruttivo, perché ciascuno richiede un suo tipo di approccio, un linguaggio e una comunicazione diversi.

Una volta scelto il social network che fa per noi, è sempre bene controllare cosa esattamente fa la concorrenza. Nel caso i nostri competitor siano già presenti ci servirà per vedere quale strada non hanno ancora percorso ed anticiparli, nel caso invece non si siano ancora avventurati nel mondo del web marketing avrete la certezza di essere voi in vantaggio. I social network offrono una serie di possibilità che non si trovano in una promozione pubblicitaria offline.

Sui social network è molto importante essere sempre presenti e disponibili all'ascolto. Io suggerisco sempre di affidarsi a persone competenti in questo, perché non è sufficiente accendere lo smartphone e pubblicare le foto di nostro figlio o delle vacanze al mare. Anzi, per un'azienda essere presente su web significa ragionare su una strategia di marketing apposita e portarla avanti a prescindere da giorni e orari della settimana.

Solo questo permette di coinvolgere davvero gli utenti che, attraverso strumenti come i contest o i blog tour, si sentono coinvolti anche emotivamente e non tarderanno a tornare sulla vostra pagina o sul vostro sito.

E' importante accompagnare il visual anche con contenuti che abbiano un reale valore per il pubblico e che lo invitino a cliccare perché incuriositi.

Se invece la vostra azienda non è ancora amante del web, possiamo sfruttare il visual marketing per promuoversi attraverso gli strumenti tradizionali di comunicazione: brochure, manifesti, packaging, vetrine...

Così facendo dobbiamo tenere presente che il linguaggio da utilizzare deve essere diverso e che anche il tipo di approccio che hanno gli utenti non sarà lo stesso.

Ovviamente ci sarà enorme differenza tra un post che gira su web e un manifesto appeso per un mese in città e per strada.

E la differenza non sta solo nei costi: sta nelle dimensioni, sta nel contenuto e nel messaggio da lanciare. In questo caso deve essere molto chiaro a primo impatto il messaggio che vogliamo trasmettere e al contrario del web dove annunci troppo commerciali non funzionano, qui dobbiamo invitare esplicitamente all'acquisto.

E' consigliabile fare questo anche tenendo conto delle tendenze del momento e cercando sempre di comunicare attraverso visual esteticamente belli.

Mentre su web siamo abituati a vedere pubblicato di tutto, in una comunicazione offline possiamo solo creare visual di forte impatto estetico, questo perché diversamente passerebbero assolutamente inosservati.

Ultima cosa ma molto importante è puntare sempre alla riconoscibilità del marchio, perché un visual che non rimanda poi al brand di origine è assolutamente sterile.

Ciò che deve essere chiaro è CHI dice COSA. E non possono esserci scorciatoie, perché altrimenti abbiamo perso tempo, soldi e energie in qualcosa che non ha portato frutti.

Rinnovo a tutti voi l'invito a mettere il massimo impegno e la massima cura in tutti questi passaggi e a non sottovalutare nemmeno una delle cose di cui abbiamo parlato. Ciascun dettaglio può fare la differenza in bene o in male. Il visual marketing è un potente strumento nelle mani di un'azienda, ma deve essere pianificato e veicolato correttamente per essere sicuri che porti direttamente ai nostri obiettivi.

Buon lavoro!
Anna Tartaglia

www.ingramcontent.com/pod-product-compliance
Lightning Source LLC
Chambersburg PA
CBHW071609200326

41519CB00021BB/6938